ENGLISCH

Mein erstes Wortbilderbuch

Illustriert von

Antje Drescher
Christiane Hansen
Oliver Regener

EDITION BÜCHERBÄR

Liebe Eltern,
liebe Erzieherinnen und Erzieher,
liebe Lehrerinnen und Lehrer,

Englisch – was für ein Abenteuer für Kinder! Eine neue Wörterwelt tut sich auf, die es zu erobern gilt. Und das macht Spaß: dog, cat und mouse – frog, hat und house. Wie sehen die Dinge aus und wie heißen sie auf Englisch und auf Deutsch? Dieses farbenfrohe Buch führt durch unterschiedliche Lebensbereiche von alltäglich Vertrautem bis in die weite Welt. Ein toller Spielplatz für Wortpiraten! Hier darf sich jeder alle Wörter aneignen – je mehr, desto besser, bis zu 400 Begriffe. Ein wertvoller (Wort-)Schatz.

Gerade die jüngeren Kinder stecken voller Neugier und ungezwungener Aufnahmebereitschaft. Alles ist lernbar, nichts ist zu schwer. Und so hat Englisch als Pflichtfach in den Grundschulen seinen Platz gefunden. Dieses Buch bereitet auf den Unterricht vor und kann auch unterrichtsbegleitend eingesetzt werden.

Sprechen Sie dem Kind alle Wörter laut vor, denn es lernt durch Hören. Die Lautschrift im Anhang gibt Ihnen Aussprachehilfen. Animieren Sie das Kind zum Nachsprechen, indem Sie es auffordern, auf entsprechende Gegenstände im Raum zu deuten und sie zu benennen. In diesem Buch erscheinen die englischen Begriffe ohne Begleiter, denn der ist im Englischen immer gleich: the dog, the cat, the mouse.

Wer sich auf die englische Sprache einlässt, wird Überraschungen erleben. Da klingen manche Wörter im Englischen und im Deutschen recht ähnlich: sofa, glass, fish. Wörter wie T-shirt, ketchup und jeans haben wir direkt ins Deutsche übernommen, und da unsere Brezel doch eine typisch deutsche Backware ist, sagen auch die Engländer ganz einfach pretzel dazu. Wer Englisch lernt, erfährt, dass englische chips nicht Chips sind, sondern Pommes frites. Und das ist eigentlich Französisch und Thema für ein anderes Buch.

Viel Spaß
beim Englischlernen!

Inhalt

Our family – Unsere Familie

birthday
der
Geburtstag

family
die Familie

mother
die Mutter

father
der Vater

grandpa
der Opa

grandma
die Oma

brother
der Bruder

sister
die Schwester

At home – Zu Hause

table
der Tisch

vase
die Vase

television set
der Fernseher

chair
der Stuhl

sofa
das Sofa

cushion
das Kissen

wardrobe
der Kleiderschrank

bed
das Bett

shelf
das Regal

blanket
die Decke

vacuum cleaner
der Staubsauger

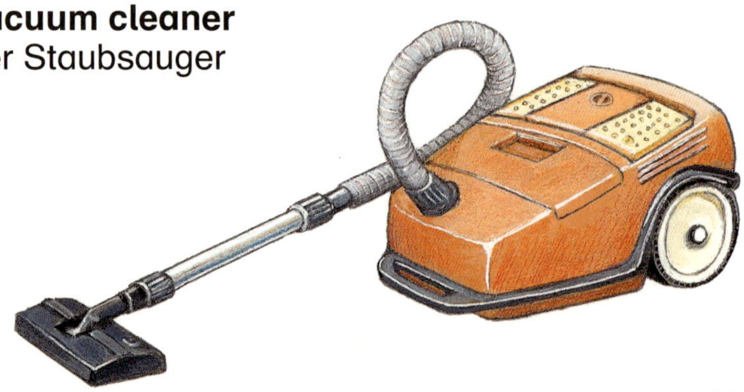

clock
die Uhr

telephone
das Telefon

radio
das Radio

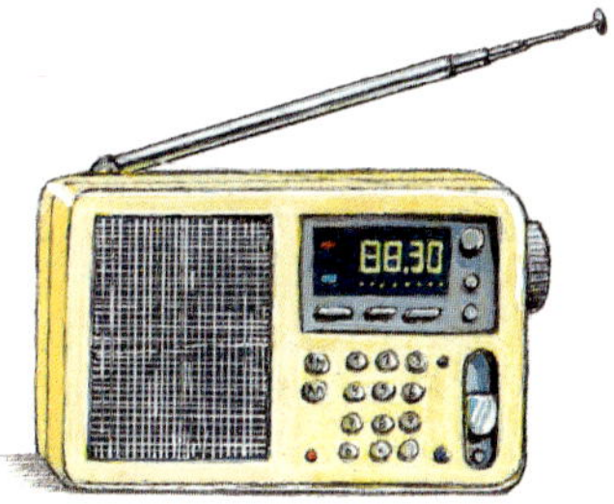

computer
der Computer

cassette recorder
der Kassettenrekorder

stove
der Ofen

lamp
die Lampe

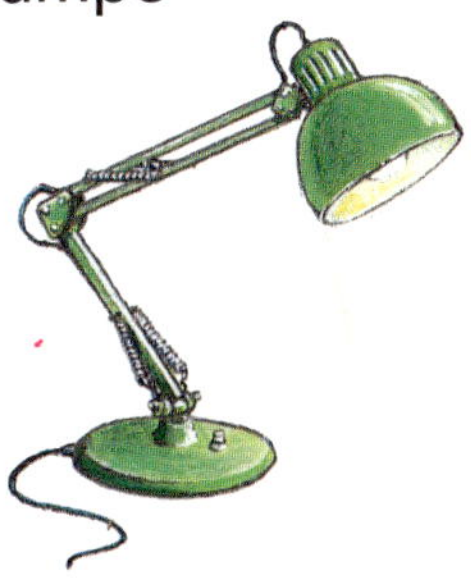

bulb
die Glühbirne

socket
die Steckdose

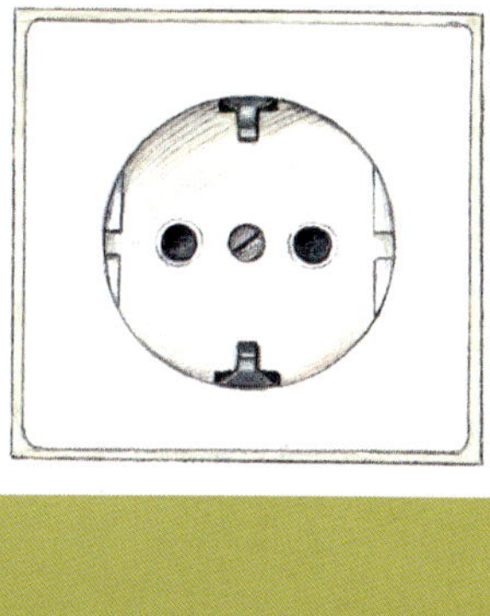

In the bathroom – Im Badezimmer

bathroom
das Badezimmer

mirror
der Spiegel

face
das Gesicht

comb
der Kamm

toothbrush
die Zahnbürste

tooth
der Zahn

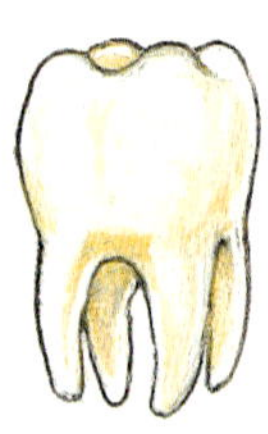

hair-dryer
der Fön

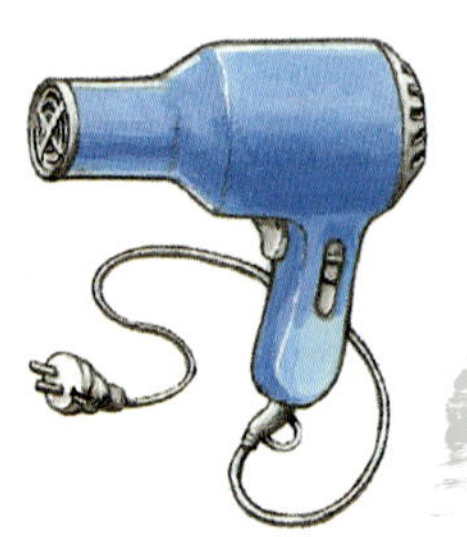

wash-basin
das Waschbecken

soap
die Seife

shower
die Dusche

toilet
die Toilette

flannel
der Waschlappen

hot-water bottle
die Wärmflasche

washing machine
die Waschmaschine

scales
die Waage

Our clothes – Unsere Kleidung

T-shirt
das T-Shirt

shirt
das Hemd

dress
das Kleid

skirt
der Rock

trousers
die Hose

pyjamas
der Schlafanzug

nightdress
das Nachthemd

jeans
die Jeans

slippers
die Hausschuhe

shoes
die Schuhe

glasses
die Brille

woolly hat
die Wollmütze

scarf
der Schal

hat
der Hut

anorak
der Anorak

cardigan
die Strickjacke

coat
der Mantel

belt
der Gürtel

jumper
der Pullover

knee-socks
die Kniestrümpfe

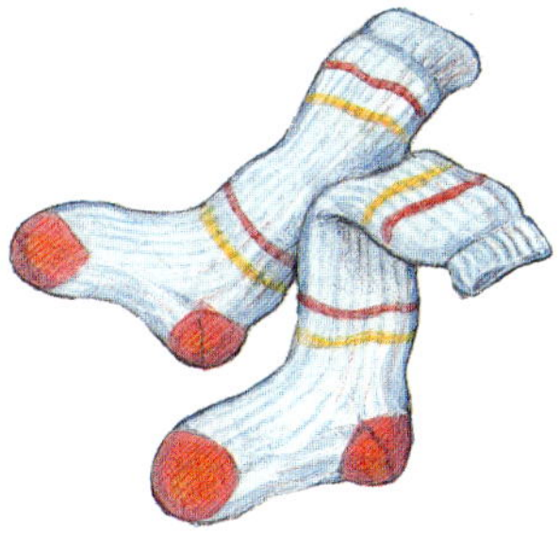

trainers
die Turnschuhe

wellingtons
die Gummistiefel

ice skates
die Schlittschuhe

In the kitchen – In der Küche

kitchen
die Küche

cooker
der Herd

pan
die Pfanne

pot
der Topf

fruit
das Obst

fried egg
das Spiegelei

pasta
die Nudeln

milk
die Milch

egg
das Ei

cheese
der Käse

fridge
der Kühlschrank

yoghurt
der Joghurt

sausage
die Wurst

vegetables
das Gemüse

ice cream
das Eis

ketchup
das Ketschup

Having a meal – Beim Essen

breakfast
das Frühstück

toast
der Toast

jam
die Marmelade

barbecue
der Grill

honey
der Honig

waffle
die Waffel

glass
das Glas

cup
die Tasse

jug
der Krug

knife
das Messer

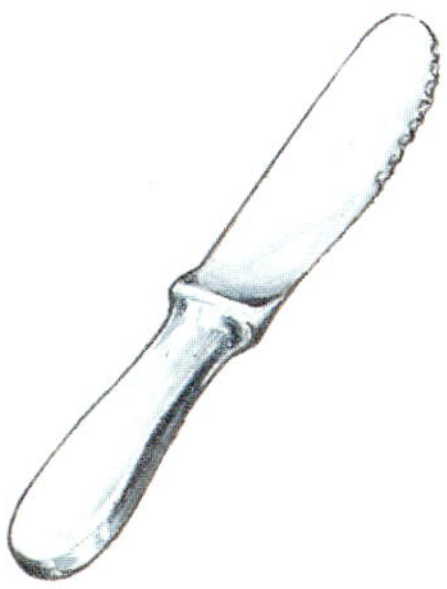

spoon
der Löffel

fork
die Gabel

plate
der Teller

soup
die Suppe

spaghetti
die Spagetti

chips
die Pommes frites

hamburger
der Hamburger

pudding
der Nachtisch

Our toys – Unser Spielzeug

train set
die Eisenbahn

boat
das Boot

racing car
der Rennwagen

dice
der Würfel

pack of cards
das Kartenspiel

jigsaw
das Puzzle

Playing music – Wir machen Musik

drums
die Trommel

trumpet
die Trompete

piano
das Klavier

recorder
die Blockflöte

guitar
die Gitarre

violine
die Geige

cello
das Cello

audience
das Publikum

In the garden – Im Garten

tree
der Baum

branch
der Ast

rose
die Rose

spider
die Spinne

snail
die Schnecke

mole
der Maulwurf

flower
die Blume

bee
die Biene

butterfly
der Schmetterling

gardener
der Gärtner / die Gärtnerin

Pets – Haustiere

aquarium
das Aquarium

guinea pig
das Meerschweinchen

fly
die Fliege

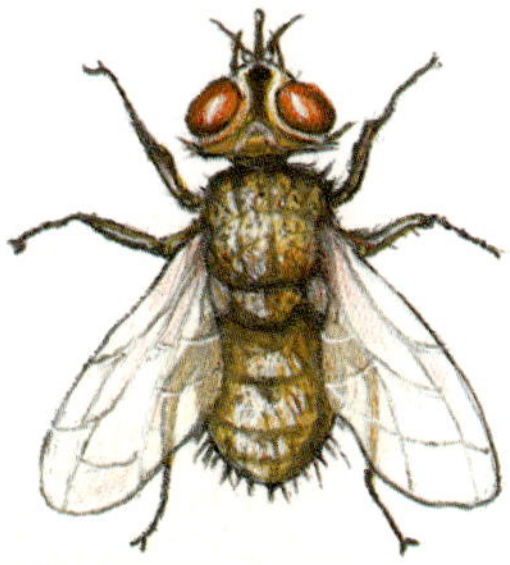

goldfish
der Goldfisch

dog
der Hund

cat
die Katze

hamster
der Hamster

rabbit
das Kaninchen

mouse
die Maus

At the zoo – Im Zoo

At the playground – Auf dem Spielplatz

football
der Fußball

skipping rope
das Springseil

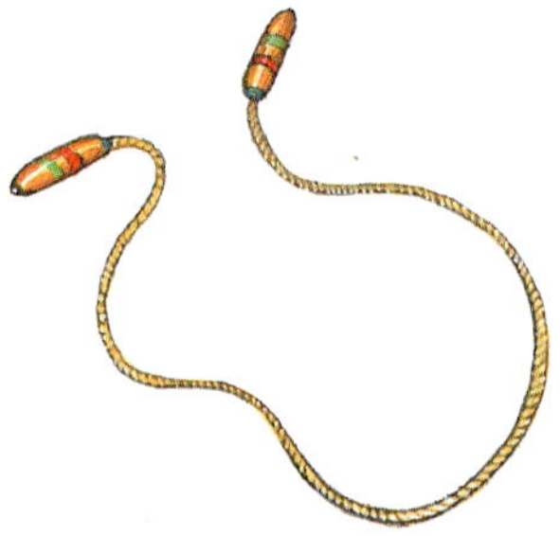

scooter
der Roller

swing
die Schaukel

balloon
der Luftballon

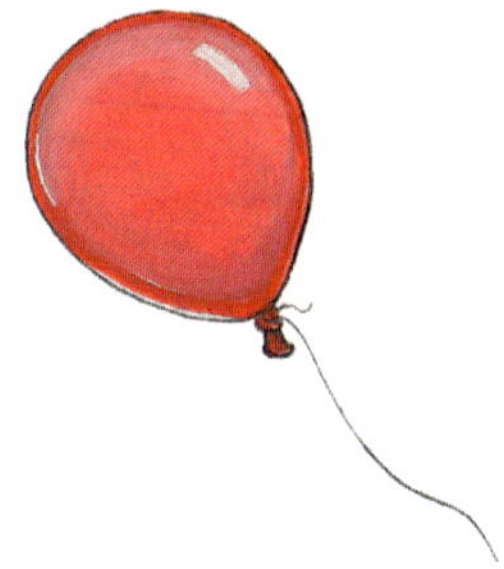

kite der Drachen

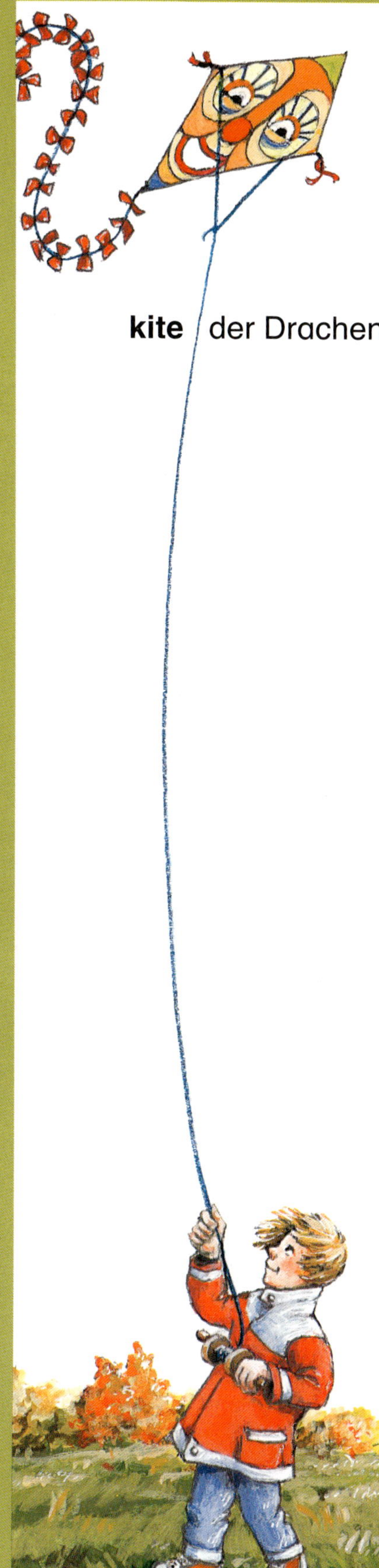

seesaw
die Wippe

slide
die Rutsche

In the kindergarten – Im Kindergarten

kindergarten
der Kindergarten

doll
die Puppe

building blocks
die Bauklötze

ball
der Ball

teddy
der Teddy

engine
die Lokomotive

At school – In der Schule

school
die Schule

board
die Tafel

sponge
der Schwamm

school bag
die Schultasche

book
das Buch

pencil
der Bleistift

scissors
die Schere

At the market – Auf dem Markt

market
der Markt

salad
der Salat

corn
der Mais

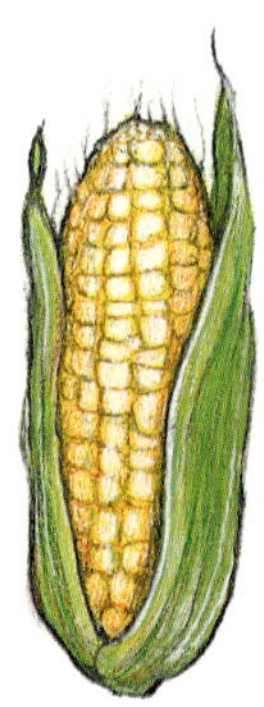

tomato
die Tomate

cucumber
die Gurke

potatoes
die Kartoffeln

apple
der Apfel

pear
die Birne

banana
die Banane

orange
die Orange

lemon
die Zitrone

strawberry
die Erdbeere

cherries
die Kirschen

peach
der Pfirsich

pineapple
die Ananas

plum
die Pflaume

raspberry
die Himbeere

melon
die Melone

In the supermarket – Im Supermarkt

supermarket
der Supermarkt

tin
die Dose

juice
der Saft

mushrooms
die Champignons

crisps
die Chips

sweet
das Bonbon

chocolate
die Schokolade

At the baker's – In der Bäckerei

bread
das Brot

pretzel
die Brezel

cake
der Kuchen

basket
der Korb

biscuits
die Kekse

money
das Geld

Our body – Unser Körper

woman
die Frau

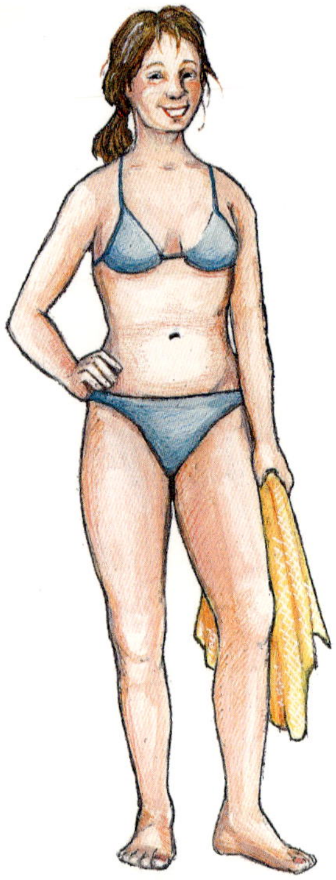

man
der Mann

eye
das Auge

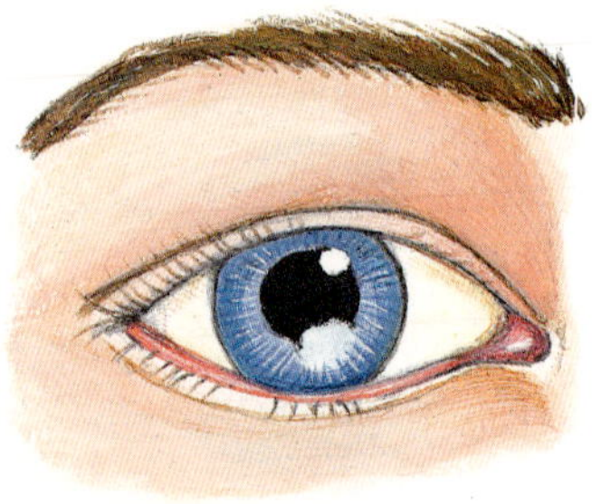

nose
die Nase

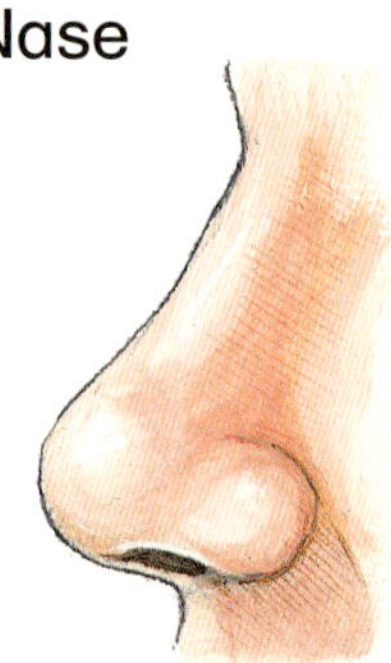

girl
das Mädchen

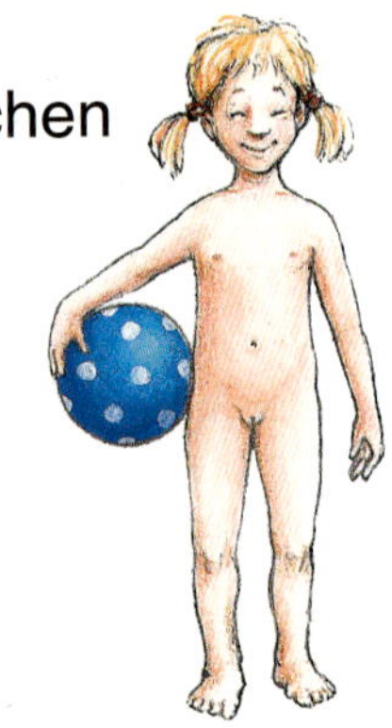

boy
der Junge

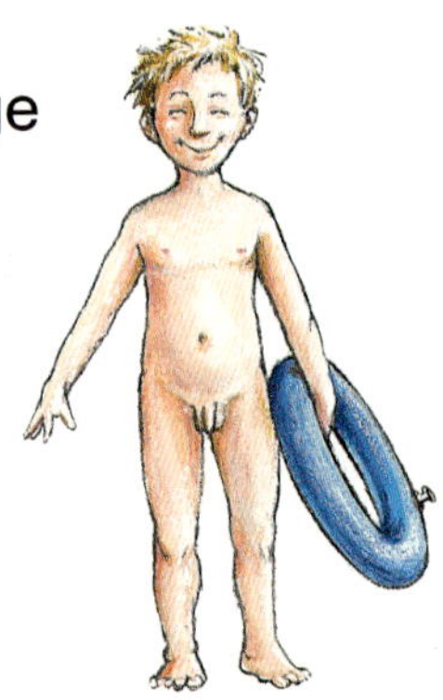

mouth
der Mund

arm
der Arm

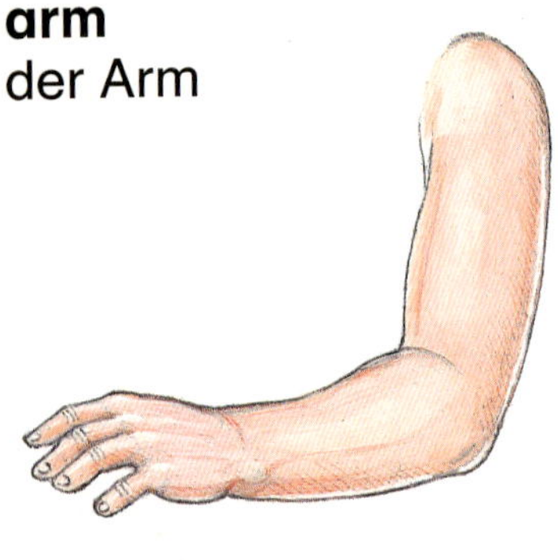

hand
die Hand

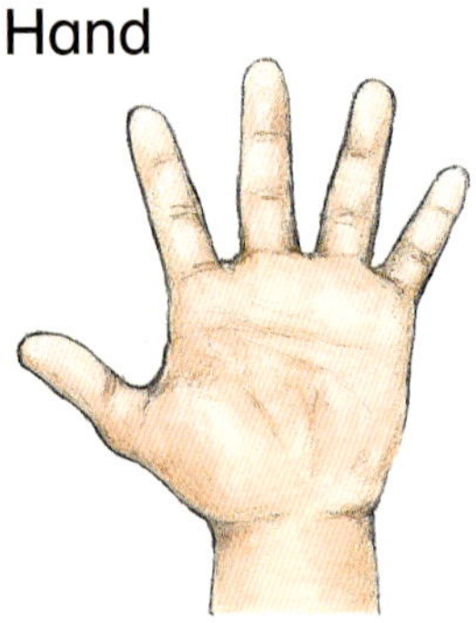

finger
der Finger

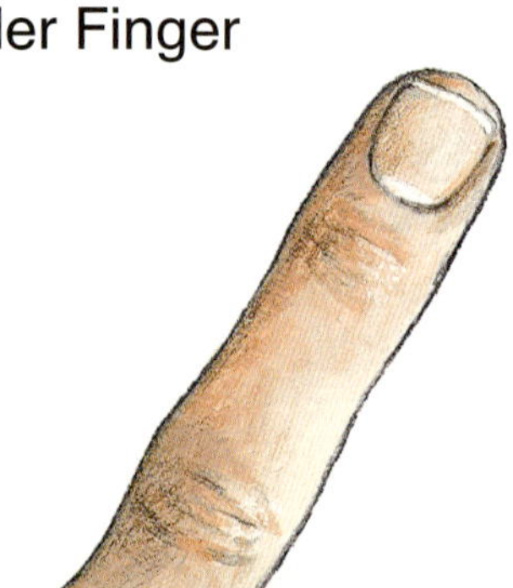

At the doctor's
Bei der Ärztin / Beim Arzt

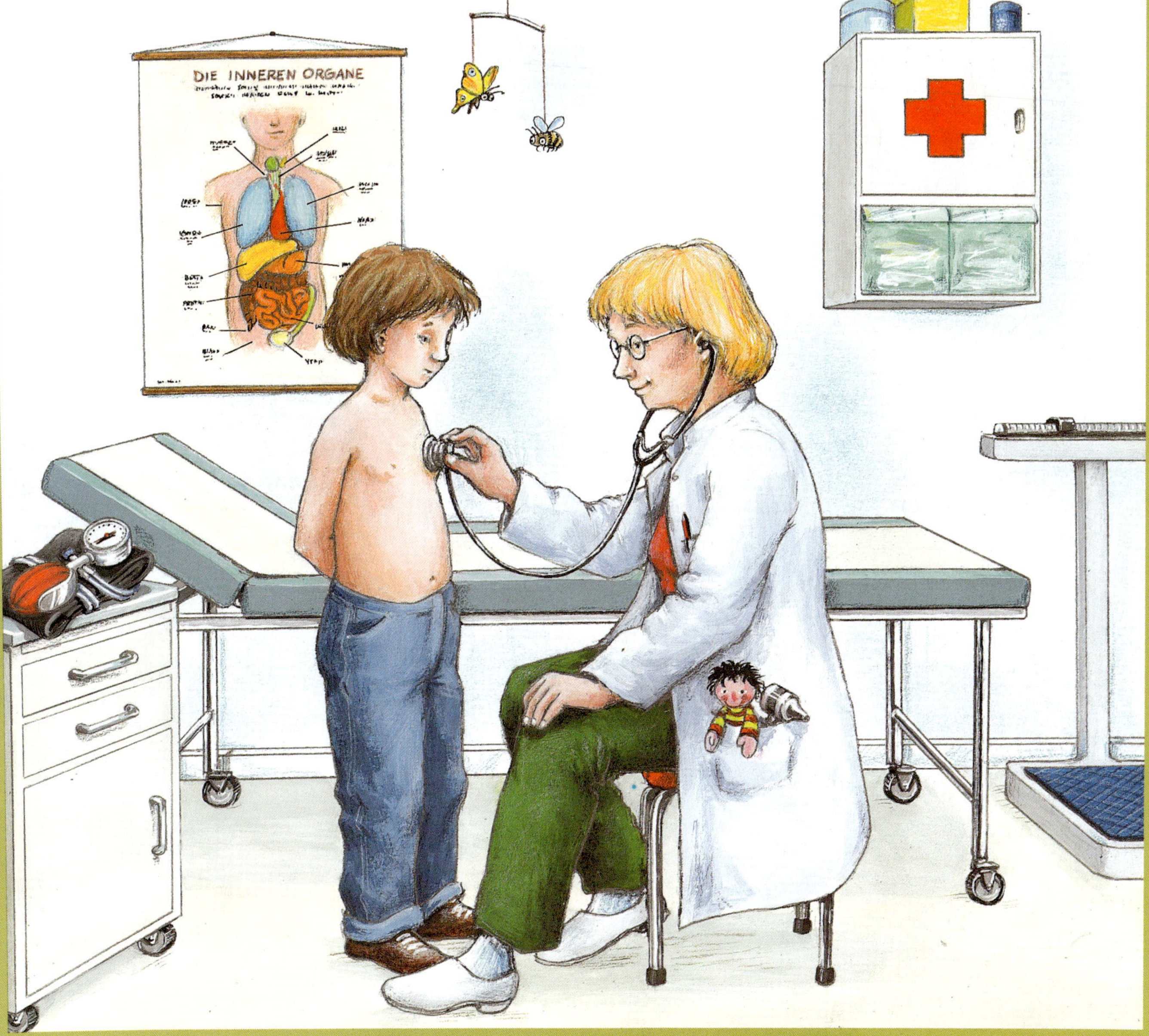

ear
das Ohr

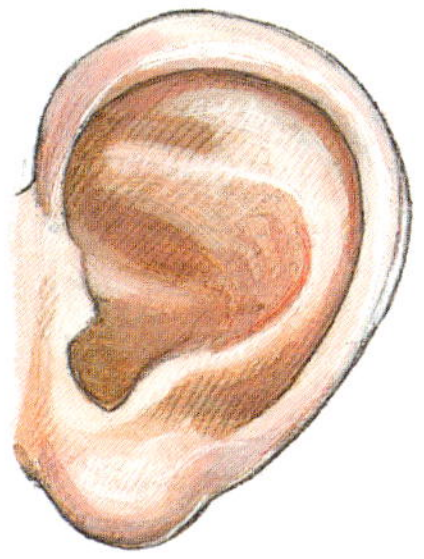

knee
das Knie

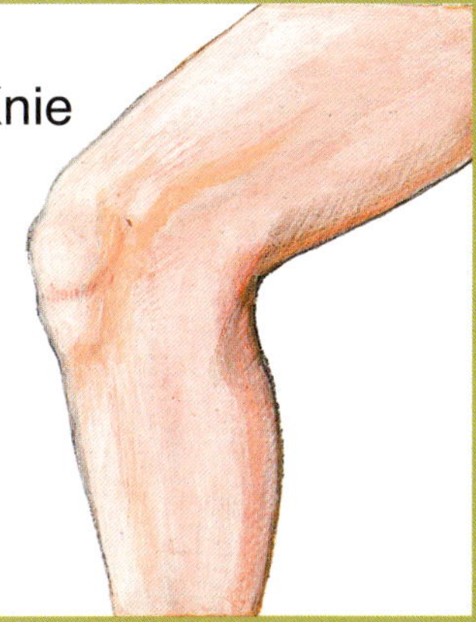

foot
der Fuß

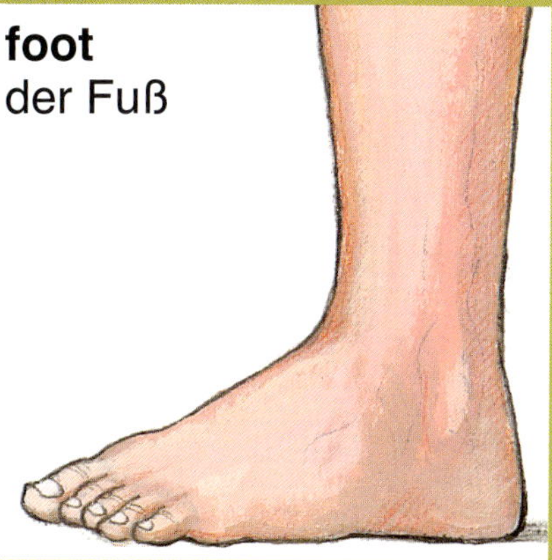

In the hospital – Im Krankenhaus

hospital
das Krankenhaus

injection
die Spritze

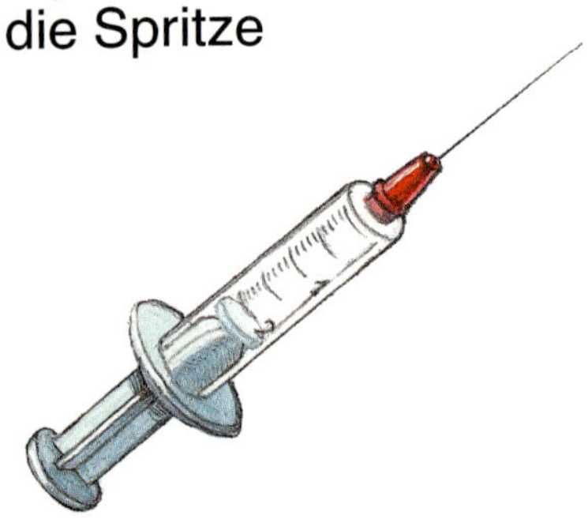

thermometer
das Fieberthermometer

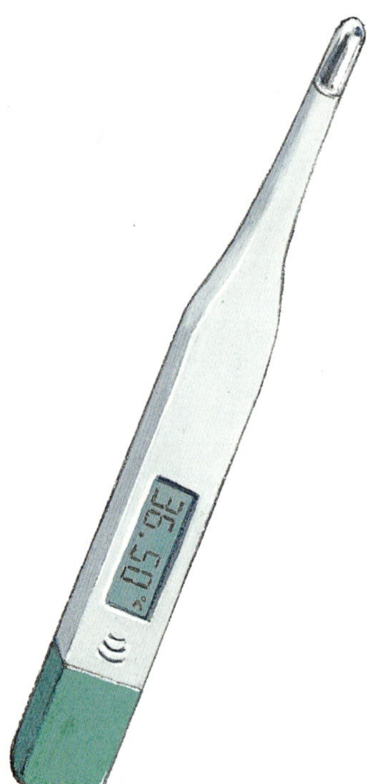

bandage
der Verband

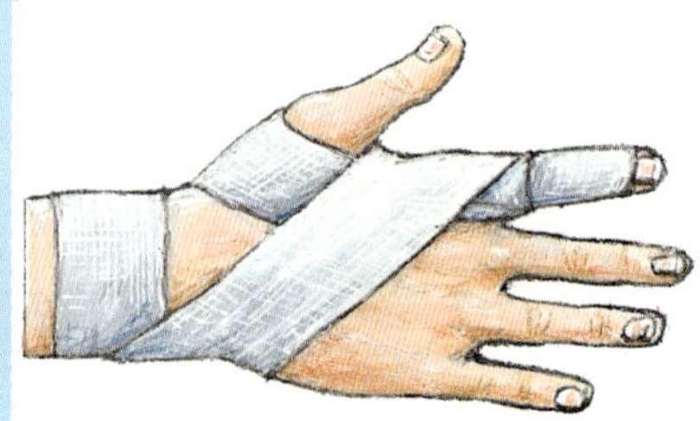

sticking plaster
das Pflaster

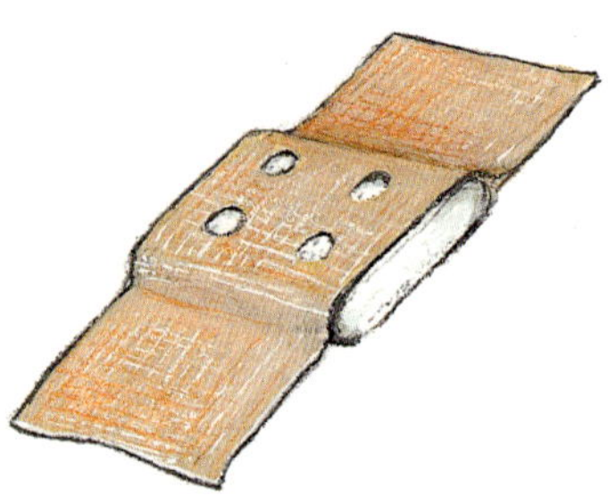

plaster cast
der Gipsverband

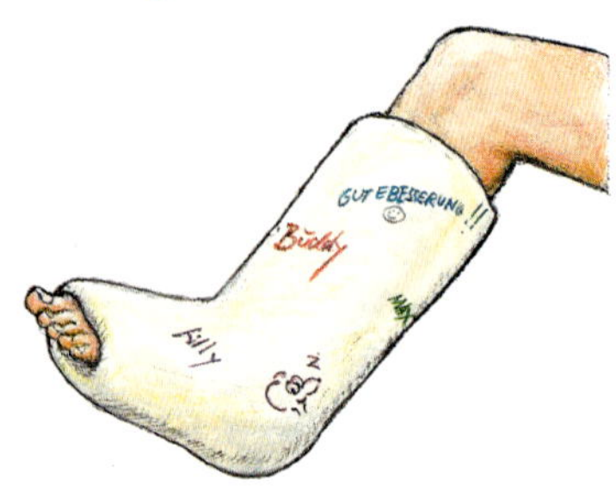

In the town – In der Stadt

town
die Stadt

traffic lights
die Ampel

ambulance
der Krankenwagen

tram
die Straßenbahn

zebra crossing
der Zebrastreifen

bus
der Bus

On the street – Auf der Straße

street
die Straße

car
das Auto

police car
das Polizeiauto

lorry
der Lastwagen

motorbike
das Motorrad

bike
das Fahrrad

refuse collection
die Müllabfuhr

At the building site – Auf der Baustelle

crane
der Kran

house
das Haus

roof
das Dach

digger
der Bagger

nails
die Nägel

wheelbarrow
die Schubkarre

window
das Fenster

door
die Tür

stairs
die Treppe

building site
die Baustelle

In the village – Im Dorf

village
das Dorf

donkey
der Esel

duck
die Ente

broom
der Besen

scarecrow
die Vogelscheuche

bucket
der Eimer

bell
die Glocke

church
die Kirche

box
die Kiste

tractor
der Traktor

ladder
die Leiter

On the farm – Auf dem Bauernhof

stork
der Storch

cat
die Katze

dog
der Hund

rabbit
das Kaninchen

hen
das Huhn

cock
der Hahn

goose
die Gans

goat
die Ziege

pig
das Schwein

cow
die Kuh

Field and meadow – Feld und Weide

combine harvester
der Mähdrescher

hare
der Hase

foal
das Fohlen

sheep
das Schaf

lamb
das Lamm

horse
das Pferd

Weather – Das Wetter

sun
die Sonne

moon
der Mond

stars
die Sterne

thunderstorm
das Gewitter

rain
der Regen

umbrella
der Regenschirm

clouds
die Wolken

rainbow
der Regenbogen

The seasons – Die Jahreszeiten

Spring – Der Frühling

Summer – Der Sommer

Autumn – Der Herbst

kite
der Drachen

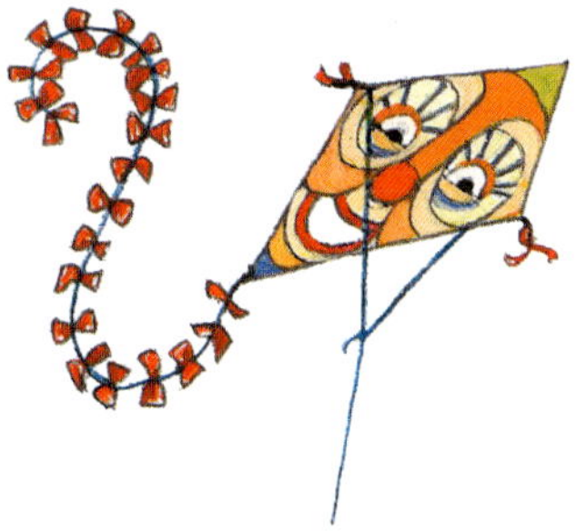

chestnut
die Kastanie

apple picking
die Apfelernte

Winter – Der Winter

snowman
der Schneemann

sledge
der Schlitten

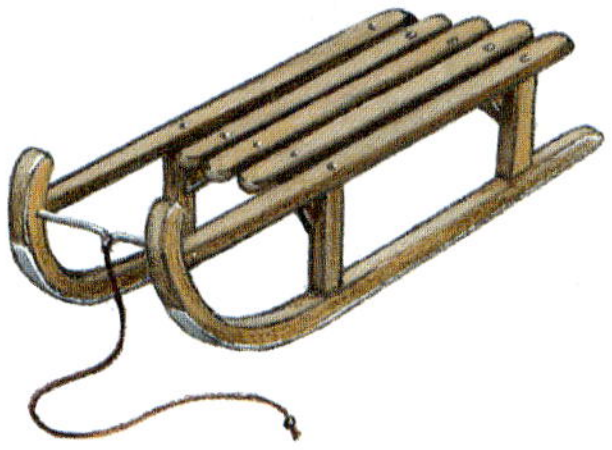

ice skates
die Schlittschuhe

At the pond – Am Teich

dragonfly
die Libelle

swan
der Schwan

frog
der Frosch

worm
der Regenwurm

tree
der Baum

ant
die Ameise

In the forest – Im Wald

forest
der Wald

fox
der Fuchs

deer
das Reh

owl
die Eule

wild boar
das Wildschwein

badger
der Dachs

In the park – Im Park

park
der Park

bird
der Vogel

squirrel
das Eichhörnchen

nest
das Nest

beetle
der Käfer

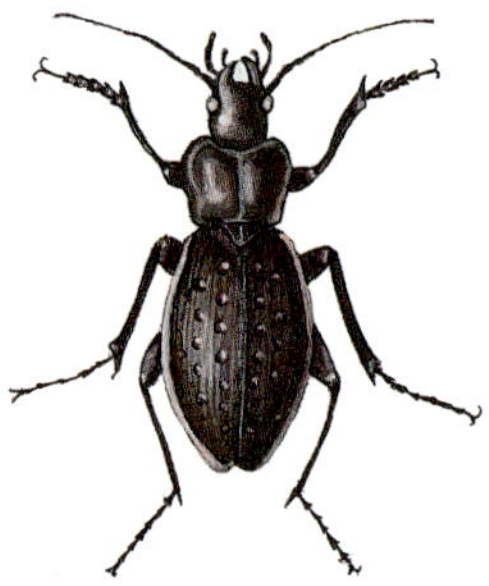

At the castle – Am Schloss

castle
das Schloss

fountain
der Springbrunnen

pigeon
die Taube

tulip
die Tulpe

king
der König

On holiday – In den Ferien

At the camp site – Auf dem Campingplatz

camp site
der Campingplatz

airbed
die Luftmatratze

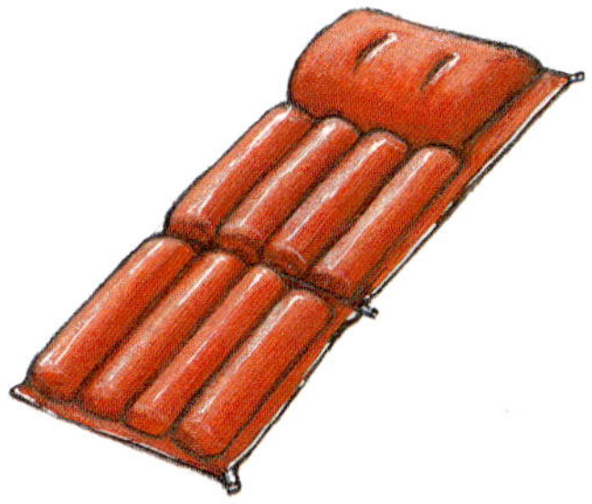

stones
die Steine

tent
das Zelt

At the station – Auf dem Bahnhof

station
der Bahnhof

suitcase
der Koffer

rucksack
der Rucksack

camera
der Fotoapparat

At the airport – Auf dem Flughafen

By the sea – Am Meer

harbour
der Hafen

anchor
der Anker

boat
das Boot

shells
die Muscheln

ship
das Schiff

lighthouse
der Leuchtturm

seahorse
das Seepferdchen

palm
die Palme

island
die Insel

In the sea – Im Meer

dolphin
der Delphin

submarine
das U-Boot

seal
die Robbe

polar bear
der Eisbär

penguin der Pinguin

shark
der Hai

fish
der Fisch

whale
der Wal

diver
der Taucher

In the jungle – Im Dschungel

jungle
der Dschungel

tortoise
die Schildkröte

snake
die Schlange

tiger
der Tiger

gorilla
der Gorilla

crocodile
das Krokodil

African animals – Tiere in Afrika

elephant
der Elefant

giraffe
die Giraffe

lion
der Löwe

rhinoceros
das Nashorn

zebra
das Zebra

Christmas – Weihnachten

Christmas eve
Heiligabend

present
das Geschenk

candle
die Kerze

angel
der Engel

Merry Christmas!

Fröhliche Weihnachten!

Santa Claus
der Weihnachtsmann

Christmas tree
der Christbaum

Advent wreath
der Adventskranz

People – Leute

magician
der Zauberer

chimneysweep
der Schornsteinfeger

detective
der Detektiv

hunter
der Jäger

witch
die Hexe

ballerina
die Tänzerin

Indian
der Indianer

cowboy
der Cowboy

Numbers – Zahlen

one
eins

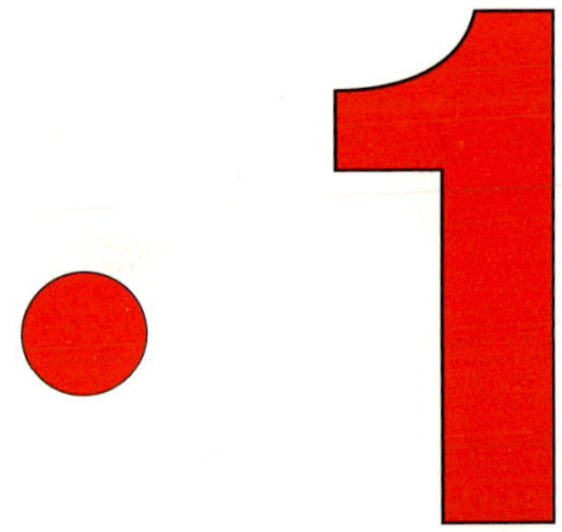

two
zwei

three
drei

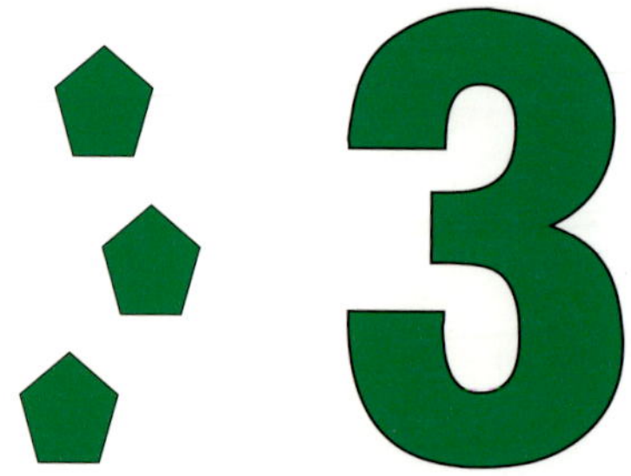

four
vier

five
fünf

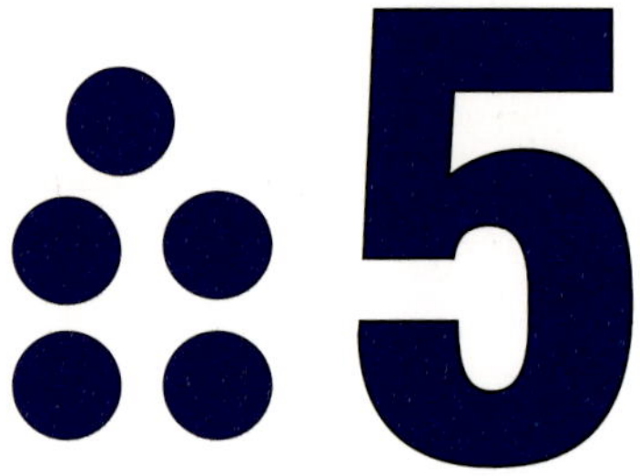

six
sechs

seven
sieben

eight
acht

nine
neun

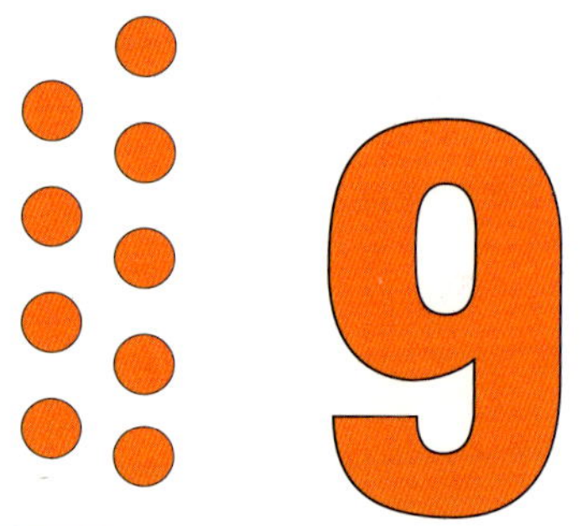

ten
zehn

eleven
elf

twelve
zwölf

Colours – Farben

yellow
gelb

orange
orange

red
rot

green
grün

purple
lila

white
weiß

black
schwarz

brown
braun

pink
rosa

blue
blau

grey
grau

Meine Wörter von A bis Z

acht – eight [eɪt] – 64
Adventskranz – Advent wreath ['ædvent ˌriːθ] – 61
Afrika – Africa ['æfrɪkə] – 59
Ameise – ant [ænt] – 46
Ampel – traffic lights ['træfɪk ˌlaɪts] – 33
Ananas – pineapple ['paɪnˌæpl] – 27
Anker – anchor ['æŋkə] – 54
Anorak – anorak ['ænəˌræk] – 11
Apfel – apple ['æpl] – 27
Apfelernte – apple picking ['æpl ˌpɪkɪŋ] – 45
Aquarium – aquarium [ə'kweəriəm] – 20
Arm – arm [aːm] – 30
Arzt/Ärztin – doctor ['dɒktə] – 31
Ast – branch [braːntʃ] – 18
Auge – eye [aɪ] – 30
Auto – car [kaː] – 34

Bäckerei – baker's shop ['beɪkəz ˌʃɒp] – 29
Badezimmer – bathroom ['baːθˌruːm] – 8
Bagger – digger ['dɪgə] – 36
Bahnhof – station ['steɪʃn] – 52
Ball – ball ['bɔːl] – 24
Banane – banana [bə'naːnə] – 27
Bauernhof – farm [faːm] – 40
Bauklötze – building blocks ['bɪldɪŋ ˌblɒkz] – 24
Baum – tree [triː] – 18, 46
Baustelle – building site ['bɪldɪŋ ˌsaɪt] – 36, 37
Berg – mountain ['maʊntɪn] – 50
Besen – broom [bruːm] – 38
Bett – bed [bed] – 6
Biene – bee [biː] – 19
Birne – pear [peə] – 27
blau – blue [bluː] – 65
Bleistift – pencil ['pensl] – 25
Blockflöte – recorder [rɪ'kɔːdə] – 17
Blume – flower ['flaʊə] – 19
Bonbon – sweet [swiːt] – 28
Boot – boat [bəʊt] – 16, 54
braun – brown [braʊn] – 65
Brezel – pretzel ['pretsl] – 29
Brille – glasses ['glaːsɪz] – 10
Brot – bread [bred] – 29
Bruder – brother [brʌðə] – 5
Buch – book [bʊk] – 25
Bus – bus [bʌs] – 33

Campingplatz – camp site [ˈkæmpˌsaɪt] – 51
Cello – cello [ˈtʃeləʊ] – 17
Champignons – mushrooms [ˈmʌʃruːmz] – 28
Chips – crisps [krɪsps] – 28
Christbaum – Christmas tree [ˈkrɪsməs ˌtriː] – 61
Computer – computer [kəmˈpjuːtə] – 7
Cowboy – cowboy [ˈkaʊˌb˥ ɪ] – 63

Dach – roof [ruːf] – 36
Dachs – badger [ˈbædʒə] – 47
Decke – blanket [ˈblæŋkɪt] – 6
Delfin – dolphin [ˈd˥ lfɪn] – 56
Detektiv – detective [dɪˈtektɪv] – 62
Dorf – village [ˈvɪlɪdʒ] – 38
Dose – tin [tɪn] – 28
Drachen – kite [kaɪt] – 23, 45
drei – three [θriː] – 64
Dschungel – jungle [ˈdʒʌŋgl] – 58
Dusche – shower [ˈʃaʊə] – 9

Ei – egg [eg] – 13
Eichhörnchen – squirrel [ˈskwɪrəl] – 48
Eimer – bucket [ˈbʌkɪt] – 38
eins – one [wʌn] – 64
Eis – icecream [ˌaɪs ˈkriːm] – 13
Eisbär – polar bear [ˈpəʊlə ˌbeə] – 57
Eisenbahn – train set [ˈtreɪn ˌset] – 16
Elefant – elephant [ˈelɪfənt] – 59
elf – eleven [ɪˈlevn] – 64
Engel – angel [ˈeɪndʒl] – 60
Ente – duck [dʌk] – 38
Erdbeere – strawberry [ˈstr˥ ːbəri] – 27
Esel – donkey [ˈd˥ ŋki] – 38
Essen – meal [miːl] – 14
Eule – owl [aʊl] – 47

Fahrrad – bike [baɪk] – 35
Familie – family [ˈfæmli] – 4
Farben – colours [kʌləz] – 65
Feld – field [fiːld] – 42
Fenster – window [ˈwɪndəʊ] – 37
Ferien – holidays [ˈh˥ lɪdeɪz] – 50
Fernseher – television set [ˈtelɪvɪʒn ˌset] – 6
Fieberthermometer – thermometer [θəˌm˥ mɪtə] – 32
Finger – finger [ˈfɪŋgə] – 30

Fisch – fish [fɪʃ] – 57
Fliege – fly [flaɪ] – 20
Flughafen – airport ['eəˌpɔːt] – 53
Flugzeug – plane [pleɪn] – 53
Fluss – river ['rɪvə] – 50
Fohlen – foal [fəʊl] – 42
Fön – hair-dryer ['heə ˌdraɪə] – 8
Fotoapparat – camera ['kæmrə] – 52
Frau – woman ['wʊmən] – 30
Fröhliche Weihnachten! – Merry Christmas! [ˌmeri 'krɪsməs] – 61
Frosch – frog [frɔg] – 46
Frühling – spring [sprɪŋ] – 44
Frühstück – breakfast ['brekfəst] – 14
Fuchs – fox [fɔks] – 47
fünf – five [faɪv] – 64
Fuß – foot [fʊt] – 31
Fußball – football ['fʊtbɔːl] – 22

Gabel – fork [fɔːk] – 15
Gans – goose [guːs] – 41
Garten – garden ['gaːdn] –18
Gärtner/Gärtnerin – gardener ['gaːdnə] – 19
Geburtstag – birthday ['bɜːθdeɪ] – 4
Geige – violine [ˌvaɪə'lɪn] – 17
gelb – yellow ['jeləʊ] – 65
Geld – money ['mʌni] – 29
Gemüse – vegetables ['vedʒtəblz] – 13
Geschenk – present ['preznt] – 60
Gesicht – face [feɪs] – 8
Gewitter – thunderstorm ['θʌndəˌstɔːm] – 43
Gipsverband – plaster cast ['plaːstə ˌkaːst] – 32
Giraffe – giraffe [dʒə'raːf] – 59
Gitarre – guitar [gɪ'taː] – 17
Glas – glass [glaːs] – 15
Glocke – bell [bel] – 39
Glühbirne – bulb [bʌlb] – 7
Goldfisch – goldfish ['gəʊldˌfɪʃ] – 20
Gorilla – gorilla [gə'rɪlə] – 58
grau – grey [greɪ] – 65
Grill – barbecue ['baːbɪˌkjuː] – 14
grün – green [griːn] – 65
Gummistiefel – wellingtons ['welɪŋtənz] – 11
Gurke – cucumber ['kjuːˌkʌmbə] – 26
Gürtel – belt [belt] – 11

Hafen – harbour ['haːbə] – 54
Hahn – cock [kɔk] – 41
Hai – shark [ʃaːk] – 57
Hamburger – hamburger ['hæmˌbɜːgə] – 15
Hammer – hammer ['hæmə] – 36
Hamster – hamster ['hæmstə] – 20
Hand – hand [hænd] – 30
Hase – hare [heə] – 42
Haus – house [haʊs] – 36
Hausschuhe – slippers ['slɪpəz] – 10
Haustiere – pets [pets] – 20
Heiligabend – Christmas Eve [ˌkrɪsməs 'iːv] – 60
Hemd – shirt [ʃɜːt] – 10
Herbst – autumn ['ɔːtəm] – 45
Herd – cooker ['kʊkə] – 12
Hexe – witch [wɪtʃ] – 62
Himbeere – raspberry ['raːzbəri] – 27
Honig – honey ['hʌni] – 14

Hose – trousers ['trauzəz] – 10
Huhn – hen [hen] – 41
Hund – dog [d1 g] – 20, 41
Hut – hat [hæt] – 11

Indianer – Indian ['ɪndiən] – 63
Insel – island ['aɪlənd] – 55

Jäger – hunter ['hʌntə] – 62
Jahreszeiten – seasons ['si:znz] – 44
Jeans – jeans [dʒi:nz] – 10
Joghurt – yoghurt ['j1 gət] – 13
Junge – boy [b1 ɪ] – 30

Käfer – beetle ['bi:tl] – 48
Kamm – comb [kəʊm] – 8
Kaninchen – rabbit ['ræbɪt] – 20, 41
Kartenspiel – pack of cards [ˌpæk‿əv 'ka:dz] – 16
Kartoffeln – potatoes [pə'teɪtəʊz] – 26
Käse – cheese [tʃi:z] – 13
Kassettenrecorder – cassette recorder [kə'set rɪˌk1 :də] – 7
Kastanie – chestnut ['tʃesˌnʌt] – 45
Katze – cat [kæt] – 20, 41
Kekse – biscuits ['bɪskɪts] – 29
Kerze – candle ['kændl] – 60
Ketschup – ketchup ['ketʃəp] – 13
Kindergarten – kindergarten ['kɪndəˌga:tn] – 24
Kirche – church [tʃɜ:tʃ] – 39
Kirschen – cherries ['tʃeriz] – 27
Kissen – cushion ['kʊʃn] – 6
Kiste – box [b1 ks] – 39
Klavier – piano [pɪ'ænəʊ] – 17
Kleid – dress [dres] – 10
Kleiderschrank – wardrobe ['w1 :drəʊb] – 6
Kleidung – clothes [kləʊðz] – 10
Knie – knee [ni:] – 31
Kniestrümpfe – knee-socks ['ni:ˌs1 ks] – 11
Koffer – suitcase ['su:tˌkeɪs] – 52
König – king [kɪŋ] – 49
Korb – basket ['ba:skɪt] – 29
Körper – body ['b1 di] – 30
Kran – crane [kreɪn] – 36
Krankenhaus – hospital ['h1 spɪtl] – 32
Krankenwagen – ambulance ['æmbjʊləns] – 33
Krokodil – crocodile ['kr1 kəˌdaɪl] – 58
Krug – jug [dʒʌg] – 15
Küche – kitchen ['kɪtʃən] – 12
Kuchen – cake [keɪk] – 29
Kuh – cow [kaʊ] – 41
Kühlschrank – fridge [frɪdʒ] – 13

Lamm – lamb [læm] – 42
Lampe – lamp [læmp] – 7
Lastwagen – lorry ['l˥ ri] – 35
Leiter – ladder ['lædə] – 39
Leopard – leopard ['lepəd] – 21
Leuchtturm – lighthouse ['laɪtˌhaʊs] – 55
Leute – people ['piːpl] – 62
Libelle – dragonfly ['drægənˌflaɪ] – 46
lila – purple ['pɜːpl] – 65
Löffel – spoon [spuːn] – 15
Lokomotive – engine ['endʒɪn] – 24
Löwe – lion ['laɪən] – 21, 59
Luftballon – balloon ['bəluːn] – 23
Luftmatratze – airbed ['eəbed] – 51

Mädchen – girl [gɜːl] – 30
Mähdrescher – combine harvester [ˌk˥ mbaɪn 'haːvɪstə] – 42
Mais – corn [k˥ːn] – 26
Mann – man [mæn] – 30
Mantel – coat [kəʊt] – 11
Markt – market ['maːkɪt] – 26
Marmelade – jam [dʒæm] – 14
Maulwurf – mole [məʊl] – 18
Maus – mouse [maus] – 20
Meer – sea [siː] – 50, 54, 56
Meerschweinchen – guinea pig ['gɪni ˌpɪg] – 20
Melone – melon ['melən] – 27
Messer – knife [naɪf] – 15
Milch – milk [mɪlk] – 13
Mond – moon [muːn] – 43
Motorrad – motorbike ['məʊtəˌbaɪk] – 35
Müllabfuhr – refuse collection [rɪ'fjuːz kəˌlekʃn] – 35
Mund – mouth [maʊθ] – 30
Muscheln – shells [ʃelz] – 54
Musik – music ['mjuːzɪk] – 17
Mutter – mother ['mʌðə] – 4

Nachthemd – nightdress ['naɪtˌdres] – 10
Nachtisch – pudding ['pʊdɪŋ] –15
Nägel – nails [neɪlz] – 36
Nase – nose [nəʊz] – 30
Nashorn – rhinoceros [raɪ'n˥ sərəs] – 59
Nest – nest [nest] – 44, 48
neun – nine [naɪn] – 64
Nudeln – pasta ['pæstə] – 12

Obst – fruit [fruːt] – 12
Ofen – stove [stəʊv] – 7
Ohr – ear [ɪə] – 31
Oma – grandma ['grænˌmaː] – 5
Opa – grandpa ['grænˌpaː] – 5

Orange – orange [ˈɔrɪndʒ] – 27
orange – orange [ˈɔrɪndʒ] – 65

Palme – palm [paːm] – 55
Park – park [paːk] – 48
Pfanne – pan [pæn] – 12
Pferd – horse [hɔːs] – 42
Pfirsich – peach [piːtʃ] – 27
Pflaster – sticking plaster [ˈstɪkɪŋ ˌplaːstə] – 32
Pflaume – plum [plʌm] – 27
Pinguin – penguin [ˈpeŋgwɪn] – 57
Polizeiauto – police car [pəˈliːs ˌkaː] – 35
Pommes frites – chips [tʃɪps] – 15
Publikum – audience [ˈɔːdiəns] – 17
Pullover – jumper [ˈdʒʌmpə] – 11
Puppe – doll [dɔl] – 24
Puzzle – jigsaw [ˈdʒɪgsɔː] – 16

Radio – radio [ˈreɪdiəʊ] – 7
Regal – shelf [ʃelf] – 6
Regen – rain [reɪn] – 43
Regenbogen – rainbow [ˈreɪnˌbaʊ] – 43
Regenschirm – umbrella [ʌmˈbrelə] – 43
Regenwurm – worm [wɜːm] – 46
Reh – deer [dɪə] – 47
Rennwagen – racing car [ˈreɪsɪŋ ˌkaː] – 16
Robbe – seal [siːl] – 57
Rock – skirt [skɜːt] – 10
Roller – scooter [ˈskuːtə] – 22
rosa – pink [ˈpɪŋk] – 65
Rose – rose [rəʊz] – 18
rot – red [red] – 65
Rucksack – rucksack [ˈrʌkˌsæk] – 52
Rutsche – slide [slaɪd] – 23

Saft – juice [dʒuːs] – 28
Salat – salad [ˈsæləd] – 26
Schaf – sheep [ʃiːp] – 42
Schal – scarf [skaːf] – 11
Schaukel – swing [swɪŋ] – 23
Schere – scissors [ˈsɪzəz] – 25
Schiff – ship [ʃɪp] – 55
Schildkröte – tortoise [ˈtɔːtəs] – 58
Schlafanzug – pyjamas [pəˈdʒaːməz] – 10
Schlange – snake [sneɪk] – 58
Schlitten – sledge [sledʒ] – 45
Schlittschuhe – ice skates [ˈaɪs‿ˌskeɪts] – 11, 45
Schloss – castle [kaːsl] – 49
Schmetterling – butterfly [ˈbʌtəˌflaɪ] – 19
Schnecke – snail [sneɪl] – 18
Schneemann – snowman [ˈsnəʊmæn] – 45
Schokolade – chocolate [ˈtʃɔklət] – 28
Schornsteinfeger – chimneysweep [ˈtʃɪmni ˌswiːp] – 62
Schubkarre – wheelbarrow [ˈwiːlˌbærəʊ] – 36
Schuhe – shoes [ʃuːz] – 10
Schule – school [skuːl] – 25
Schultasche – school bag [ˈskuːl ˌbæg] – 25

Schwamm – sponge [sp1 ndʒ] – 25
Schwan – swan [sw1 n] – 46
schwarz – black [blæk] – 65
Schwein – pig [pɪg] – 41
Schwester – sister [ˈsɪstə] – 5
Schwimmbad – swimming pool [ˈswɪmɪŋ ˌpuːl] – 44
sechs – six [sɪks] – 64
See – lake [leɪk] – 50
Seepferdchen – seahorse [ˈsiːˌh1 ːs] – 55
Seife – soap [səʊp] – 9
sieben – seven [ˈsevn] – 64
Sofa – sofa [ˈsəufə] – 6
Sommer – summer [ˈsʌmə] – 44
Sonne – sun [sʌn] – 43
Spagetti – spaghetti [spəˈgeti] – 15
Spiegel – mirror [ˈmɪrə] – 8
Spiegelei – fried egg [ˌfraɪd‿ˈeg] – 12
spielen – play [pleɪ] – 17
Spielplatz – playground [ˈpleɪˌgraʊnd] – 22
Spielzeug – toy/toys [t1 ɪ/t1 ɪz] – 16
Spinne – spider [ˈspaɪdə] – 18
Springbrunnen – fountain [ˈfaʊntɪn] – 49
Springseil – skipping rope [ˈskɪpɪŋ ˌrəʊp] – 22
Spritze – injection [ɪnˈdʒekʃn] – 32
Stadt – town [taʊn] – 33
Staubsauger – vacuum cleaner [ˈvækjʊəm ˌkliːnə] – 6
Steckdose – socket [ˈs1 kɪt] – 7
Steine – stones [stəʊnz] – 51
Sterne – stars [staːz] – 43
Storch – stork [st1 ːk] – 41
Straße – street [striːt] – 34
Straßenbahn – tram [træm] – 33
Strickjacke – cardigan [ˈkaːdɪgən] – 11
Stuhl – chair [tʃeə] – 6
Supermarkt – supermarket [ˈsuːpəˌmaːkɪt] – 28
Suppe – soup [suːp] – 15

T

Tafel – board [b1 ːd] – 25
Tänzerin – ballerina [ˌbæləˈriːnə] – 63
Tasse – cup [kʌp] – 15
Taube – pigeon [ˈpɪdʒn] – 49
Taucher – diver [ˈdraɪvə] – 57
Teddy – teddy [ˈtedi] – 24
Teich – pond [p1 nd] – 46
Telefon – telephone [ˈtelɪˌfəʊn] – 7
Teller – plate [pleɪt] – 15
Tiere – animals [ˈænɪmlz] – 20
Tiere in Afrika – African animals [ˌæfrɪkən‿ˈænɪmlz] – 59
Tiger – tiger [ˈtaɪgə] – 58
Tisch – table [ˈteɪbl] – 6
Toast – toast [təʊst] – 14
Toilette – toilet [ˈt1 ɪlət] – 9
Tomate – tomato [təˈmaːtəʊ] – 26
Topf – pot [p1 t] – 12
Traktor – tractor [ˈtræktə] – 39
Treppe – stairs [steəz] – 37
Trommel – drum [drʌm] – 17
Trompete – trumpet [ˈtrʌmpɪt] – 17
T-Shirt – T-shirt [ˈtiːˌʃɜːt] – 10
Tulpe – tulip [ˈtjuːlɪp] – 44, 49
Tür – door [d1 ː] – 37
Turm – tower [ˈtaʊə] – 50
Turnschuhe – trainers [ˈtreɪnəz] – 11

U-Boot – submarine ['sʌbməriːn] – 56
Uhr – clock [klɔk] – 7

Vase – vase [vaːz] – 6
Vater – father ['faːθə] – 4
Verband – bandage ['bændɪdʒ] – 32
vier – four [fɔː] – 64
Vogel – bird [bɜːd] – 48
Vogelscheuche – scarecrow ['skeəˌkraʊ] – 38

Waage – scales [skeɪlz] – 9
Waffel – waffle ['wɔfl] – 14
Wal – whale ['weɪl] – 57
Wald – forest ['fɔrɪst] – 47
Wärmflasche – hot-water bottle [ˌhɔt'wɔːtə ˌbɔtl] – 9
Waschbecken – wash-basin ['wɔʃˌbeɪsn] – 9
Waschlappen – flannel [ˌflænl] – 9
Waschmaschine – washing machine [ˌwɔʃɪŋ mə'ʃiːn] – 9
Weide – meadow ['medəʊ] – 42
Weihnachten – Christmas ['krɪsməs] – 60
Weihnachtsmann – Santa Claus ['sæntə ˌklɔːs] – 61
weiß – white [waɪt] – 65
Wetter – weather ['weðə] – 43
Wildschwein – wild boar [ˌwaɪld 'bɔː] – 47
Windmühle – windmill ['wɪndmɪl] – 50
Winter – winter ['wɪntə] – 45
Wippe – seesaw ['siːˌsɔː] – 23
Wolf – wolf [wʊlf] – 21
Wollmütze – woolly hat [ˌwʊli 'hæt] – 11
Wolken – clouds [klaʊdz] – 43
Würfel – dice [daɪs] – 16
Wurst – sausage ['sɔsɪdʒ] – 13

Zahlen – numbers ['nʌmbəz] – 64
Zahn – tooth [tuːθ] – 8
Zahnbürste – toothbrush ['tuːθˌbrʌʃ] – 8
Zauberer – magician [mə'dʒɪʃn] – 62
Zebra – zebra ['zebrə] – 59
Zebrastreifen – zebra crossing [ˌzebrə 'krɔsɪŋ] – 33
zehn – ten [ten] – 64
Zelt – tent [tent] – 51
Ziege – goat [gəʊt] – 41
Zitrone – lemon ['lemən] – 27
Zoo – zoo [zuː] – 21
zu Hause – at home [ət 'həʊm] – 6
Zug – train [treɪn] – 50
zwei – two [tuː] – 64
zwölf – twelve [twelv] – 64

Antje Drescher
ist 1972 in Rostock geboren und wollte schon als Kind »Malerin« werden. Also studierte sie Illustration an der Fachhochschule für Gestaltung in Hamburg. Dort lebt sie auch heute.

Christiane Hansen
ist 1973 in Würzburg geboren. Während ihres Studiums an der Fachhochschule für Gestaltung in Hamburg illustrierte sie Schulbücher. Sie wohnt zusammen mit ihrer Kollegin Antje Drescher in der Nähe der Alster.

Oliver Regener
ist 1970 in Bremen geboren und arbeitete einige Jahre als Druckvorlagenhersteller in einer Werbeagentur. Danach studierte er Illustration an der Fachhochschule für Gestaltung in Hamburg. Für den Arena Verlag illustrierte er bereits mehrere Kinderbücher.

In neuer Rechtschreibung

1. Auflage 2004

Sprachliche Beratung: Aileen C. S. Craig
Illustrationen: Antje Drescher, Christiane Hansen, Oliver Regener
Gesamtherstellung: westermann druck Braunschweig GmbH
ISBN 3-401-08664-2

Welcome!
Erstes Bildwörterbuch Englisch

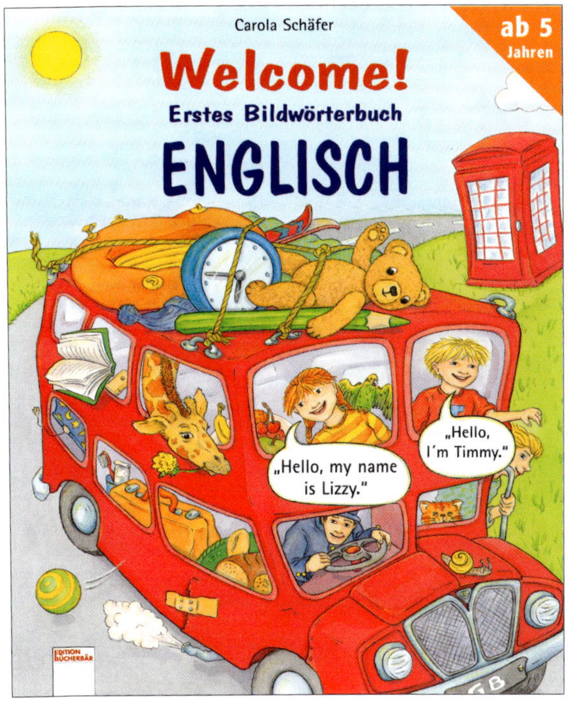

* Ein erster Grundwortschatz Englisch
* Panoramabilder mit Begriffen in Englisch und Deutsch
* Kleine Dialoge mit den wichtigsten Redewendungen
* Bild-Wörter-Labyrinth als spielerischer Vokabeltrainer

Mit diesem ersten Bildwörterbuch wird Kindern im Vor- und Grundschulalter ein spielerischer Einstieg in die englische Sprache ermöglicht. Verschiedene Themenbereiche aus der Welt der Kinder werden auf Panoramaseiten dargestellt. Die Gespräche zwischen Lizzy und Timmy vermitteln erste kleine Redewendungen und Sätze: Yes, of course - Sorry - Good afternoon - No, thank you und vieles mehr.

EDITION BÜCHERBÄR

Gebunden. 48 Seiten. Ab 5.
ISBN 3-401-08163-2

Mein erstes Wörterbuch Englisch

Lernspiele für die Grundschule

Mit diesem Wörterbuch lernen Grundschulkinder spielend Englisch. Auf vielen bunten Seiten werden die wichtigsten Begriffe des täglichen Lebens in Wort und Bild vorgestellt. Tiere, Spielzeuge, Lebensmittel, Fahrzeuge - alles ist hier versammelt. Die Sprache ist leicht verständlich, sodass auch Anfänger gut folgen können. Auf den Arbeitsseiten wird das Gelehrte dann gleich geübt.

Broschiert. 80 Seiten.
Ab dem ersten Unterrichtsjahr.
Mit zahlreichen farbigen Illustrationen von Christine Bietz.
ISBN 3-401-08180-2